eビジネス新書

No.323

週刊東洋経済

相続の最新ルール

週刊東洋経済ｅビジネス新書　No.323

相続の最新ルール

本書は、東洋経済新報社刊『週刊東洋経済』２０１９年８月１０日・１７日合併号より抜粋、加筆修正のうえ制作しています。情報は底本編集当時のものです。（標準読了時間　９０分）

相続の最新ルール　目次

相続税の申告・納付期限はあっという間にやってくる

親が亡くなった後、最も手間がかかり、かつ期限に敏感になるべきことは、相続の手続きだ。親の死後、さまざまな事務手続きが押し寄せるが、最大の難所は相続がらみだ。相続税の申告・納付は死後10カ月以内。そこを目標に流れを紹介しよう。

相続を行ううえで、まず意識することは、被相続人（親）が亡くなってから3カ月の節目だ。この間に、遺産を引き継ぐかどうかを決める。マイナスの財産（借金）があるなら相続放棄、もしくはプラス財産の範囲内で債務を引き受ける限定承認をする。これらをしなかった場合は単純承認といって、相続を受けたとみなされる。

「厳密には、相続人が自分に相続が発生したと知ったときから3カ月以内に決めるのがルール。ただし、親子関係なら死亡日に知らせが来ることがほとんどなので、死後3カ月と考えていい」と吉村行政書士事務所代表の吉村信一氏。「この間に、被相続人の債務などを返済すると、相続を認めたことになるので注意すること」。

遺産を引き継ぐかどうかの判断をするには、被相続人の遺産を調べる必要がある。そのために重要となるのが遺言書の有無だ。

「遺言書があると、相続人の調査や選定、遺産の分割など、煩雑な作業を省略できるので、負担が大きく軽減される」（吉村氏）

遺言書には被相続人が自筆で書いた「**自筆証書遺言**」と、公証人により作成された「**公正証書遺言**」がある。前者は保管場所が決められていないので、自宅や貸金庫など、遺族が探すというのが一般的だ。遺族が困らないためには、エンディングノートなどに保管場所を記しておいたり、信頼できる者にだけ伝えておいたりするなど、あらかじめ策を講じたい。

2019年1月からは自筆証書遺言の目録部分をパソコンなどで作成してもよくなった。ただし自筆証書遺言を有効にするには家庭裁判所で検認の手続きが必要だ。

自筆の場合には、手続きに耐えうる内容や書式なのか、行政書士など専門家に見てもらうとよい。公正証書遺言であれば、そうした不安はない。

「遺産の分割についても、『銀行預金を仲良く分けてほしい』だと、等分するのか話し合いで決めるのか、解釈が分かれてしまう。明確にしておき、財産の記載漏れにも注意すること」と、吉村氏はアドバイスする。

公正証書遺言に関しては、手元になくても最寄りの公証役場で検索ができる。2020年7月からは法務局で自筆証書遺言を保管する制度も始まる。その際は法令で定めた様式に合っているかチェックが入り、原本の保存とともに画像情報を法務局同士で共有する。

相続人などからの請求に応じて遺言書の内容や預かっている証明書を提供し、誰かが内容を確認するとほかの相続人にも通知して、その存在を知らせてくれる。「検認も不要になり、手間や時間の短縮になる」（吉村氏）。

相続人の確定を

遺言書の確認と家庭裁判所での検認と並行して迅速に進めたいのが、相続人の確定と調査だ。

戸籍謄本を利用して行うが、その際は故人の出生から死亡までをさかのぼり取り寄せないといけない。再婚している場合は前妻との間に子どもがいたり、隠し子が発覚したりすると相続人は増える。

「戸籍謄本は被相続人の本籍がある役所が発行するが、居住地を転々としていると、それぞれから取り寄せる必要がある。時間を要するので、早く始めておくこと」(吉村氏)

財産の相続や相続税の申告・納付の際に、相続人の戸籍謄本などは必須で、**遺産分割協議書**も相続人全員の参加が求められる。相続人を確定させないことには手続きを前に進められないので、真っ先に取り組みたい。

相続財産の調査と確定も、当然、必要になる。不動産や株式・投資信託、預貯金、車など多岐にわたる。

「通帳やキャッシュカード、不動産なら固定資産税の通知書など。今はネットで管理する通帳や証券などペーパーレスもあるので、探しにくいものもある。生前に保管場所の情報を共有したり、リストにしておいたりすることだ」（吉村氏）

財産評価は専門家に相談

相続財産の洗い出しができたら、評価のステップへと進む。

「預貯金であれば評価は難しくないが、不動産の相続税評価は専門性が高く、現地調査や資料を取り寄せる必要があり、時間もかかる。税理士を頼ってほしい局面だ」と話すのは、税理士法人チェスター代表で、税理士・公認会計士の荒巻善宏氏。調査には数カ月かかることも珍しくなく、その後の手続きが間に合わなくなる可能性もあるので、初動が大事だ。

金融機関の残高は残高証明依頼書、不動産価値は固定資産評価証明申請書の手続きで確定させる。マイナスの資産は相続人が信用情報機関に照会して確かめることができる。自宅に住宅ローンが残っていても、団体信用生命保険（団信）で相殺できるが、ビジネスオーナーなら事業用に借金をしていることもある。本来であれば生前に家族で共有しておきたい情報だ。

ここまで来てようやく、相続財産の内訳が明らかになり、放棄や限定承認の手続きに進むことができる。マイナスの遺産が多いなら、相続放棄申述書を家庭裁判所に提出し、相続を放棄する。

亡くなった親の確定申告の必要がある場合、所得税の準確定申告を4カ月以内に行う。期限を超えると延滞税が加算される。「不動産収入や事業収入のある人が対象になりやすい」（荒巻氏）。他方、年金受給者で受給総額が年400万円以下、年金以外の所得が20万円以下なら不要だ。

3～4カ月以内にすべき相続の手続き（まとめ）

【3カ月以内】

① 遺言書の確認・検認

遺言書が残されているかどうか、自宅や銀行の貸金庫などを調査。自筆証書遺言の財産目録はPCでも作成可。最寄りの公証役場では無料で公正証書遺言を検索できる。（銀行、公証役場など）

② 相続人の調査・確定

出生から死亡までの戸籍謄本を取り寄せて行う。その過程で隠し子が発覚すると相続人が増えることに。（市区町村役所で故人の戸籍謄本を取り寄せ）

③ 相続財産の調査・確定

銀行の通帳、証券会社からの通知などを基に調査。マイナスの遺産が見つかるケースもある。（銀行などで残高証明依頼書などを準備）

④ 相続財産の評価

不動産の相続評価が中心。税理士など専門家に依頼するのが一般的。（登記簿謄本、固定資産評価証明書、住宅地図などを準備）

⑤ 相続放棄・限定承認の手続き

マイナス財産が多いなら放棄が可能。限定承認とは、プラス財産の範囲内で債務を引き受けること。（戸籍謄本や相続放棄申述書を準備し家庭裁判所で）

【4カ月以内】

⑥ 所得税の準確定申告

確定申告の必要がある場合に手続きをする。年金受給者で受給額年400万円以下、年金以外の所得20万円以下なら不要。（除籍謄本、所定の確定申告書を準備し税務署へ）

遺産分割協議も早く

ここまでの手続きが終わると、次に考えるべきは10カ月以内の期限。目標は、相続税の申告・納付だ。書式や内容に不備のない遺言書があれば相続人の遺志に従い遺産を分割し、相続税が発生するなら税務署で手続きを行う。一方、遺言書がないなら遺産分割協議と協議書の作成になる。

「遺産分割協議と協議書の作成は、相続税の納付を考えると、可能な限り前倒ししておきたい。始めるのが遅いと、相続税を納めようにも、納税の現金が間に合わない可能性がある」（荒巻氏）

遺産分割協議は相続人全員の参加が必須だが、対面である必要はない。

遺言書は故人の遺志として最優先されるが、異なる案に全員が合意すれば、それでもよい。「例えば高齢の母親に全財産を相続させると、母親が亡くなった時点で相続人の数は減って相続税自体が大きくなり、子どもたちの負担が重くなることもある。こうした事態を避けるため、遺言を除外して分割の割合を変えるといったことが考えられる」（荒巻氏）。

通常であれば**法定相続分**に従い分割する、あるいは相談をして内容を詰めていく。

円満に解決しないなら遺産分割調停申立書を家庭裁判所に提出して判断を仰ぐ。相続財産が最低限の取り分（**遺留分**）に満たない場合は、ほかの相続人に遺留分侵害額請求として請求するといったこともある。

以前は遺留分減殺請求という名称で、仮に不動産の遺贈などで申請すると侵害された限度内で取り戻すことができたが、その際は不動産を共有することになっていた。ところが2019年7月以降は、遺留分を侵害された価額を金銭で請求できるように変更された。

同じタイミングで、被相続人の介護や看病に大きく貢献した**法定相続人**以外の親族が、被相続人に金銭を要求できるようにもなった。これまでも被相続人を献身的にケアした相続人に対しては「寄与分」を認めて遺産の取得分を増やすよう認めていたが、今後は相続権のない親族も対象になる。

2020年4月からは、被相続人の死亡時に同居していた配偶者が家に住み続けることができる**配偶者居住権**も創設される。こういった点を留意しながら協議を進めていくことだ。

「遺産分割協議書の書式に決まりはなく、手書きでもパソコンで作成しても構わない。ただし、不備があると後の手続きがスムーズに進まなくなるので、注意してほしい」（荒巻氏）

遺産の分割が終わり、相続税の支払いが必要であれば、10カ月の期限内に相続税の申告と納付を行う。「申告と納付は同じタイミングである必要はない。まずは申告だけをしておき、期限内に納付すればいいので、焦らなくていい。期限を超えると延滞税が発生する」と、荒巻氏はアドバイスする。

あとは順次、預貯金や有価証券、不動産など各種遺産の名義変更・相続を行えばいい。

10カ月以内にすべき相続の手続き（まとめ）

【10カ月以内】

⑦ 遺産分割協議・協議書の作成

相続人全員が参加するが、対面である必要はない。遺産分割協議書は自作することができるが、手間がかかるので専門家に依頼してもいい。被相続人の介護や看病に関わった親族は金銭請求が可能など注意点がある。協議が円満解決しない場合は、家裁に遺産分割調停申立書を提出して判断を仰ぐ。（戸籍謄本、除籍謄本、印鑑登録証明書を準備し、遺産分割協議書を作成）

⑧ 相続税の申告・納付

現金一括納付が原則。期限を過ぎると延滞税が発生する。ただし、申告と納付が同時である必要はない。（戸籍謄本、除籍謄本、印鑑登録証明書を準備し、相続税申告書を税務署へ）

⑨ 預貯金の相続

金融機関は口座名義人の死亡を確認すると口座を凍結。相続人が所定の手続きを行う。（戸籍謄本、除籍謄本、印鑑登録証明書を準備し、相続関係届出書（ゆうちょ銀行では相続確認表など各行で呼び名が異なる）を各金融機関へ）

⑩ 有価証券の相続

基本的に金融機関と手続きは同じ。（戸籍謄本、除籍謄本、印鑑登録証明書を準備し、株式名義書換請求書を証券会社へ）

⑪ 不動産の相続

生前贈与を受けた自宅は特別受益の対象外、２０２０年4月には配偶者居住権が創設されるなど、不動産に係る相続税の改正には留意すること。（戸籍謄本、除籍謄本、印鑑登録証明書を準備し、登記申請書を法務局へ）

⑫ 自動車の相続

自動車は相続人全員の共有財産扱い。誰が相続するか決める。（戸籍謄本、除籍謄本、印鑑登録証明書を準備し、移転登録申請書を運輸支局へ）

生前対策がカギ

以上が、遺言書の確認・検認から相続税の申告・納付までの大まかなプロセスだ。滞りなく進めるためのポイントとして、前出の吉村氏は「家族間の情報共有や遺言書の用意」を強調する。「相談のうち遺言書があるのは1割程度。なるべく生前に書いておいてほしい。エンディングノートも親子で一緒に考えて書けばいい。また、多くの行政書士事務所は税理士や弁護士などと提携しているので、困ったなら相談の窓口として活用してほしい」。

荒巻氏も同様の見解を示す。「相続税が発生する顧客を年間1000件ほどサポートするが、遺言書があるのは1割もない。家族がもめない対策と相続税の納税資金の対策が具体化できればよい」。

相続対策を怠っているうちに、心身が衰え、何もできなくなることもある。「争続」を避けるためにも、まずは家族で話し合うことから始めてはいかがだろうか。

（ライター／編集者・大正谷成晴）

配偶者保護の重要性が高まる

改正相続法のポイントはここだ

弁護士・武内優宏

2019年7月、改正相続法が本格施行された。相続法の大幅な改正は1980年以来、実に約40年ぶりのことだ。

民法改正の背景には、家族のあり方が多様化し、少子高齢化によって、配偶者保護の重要性が高まっているという事情がある。

子どもがいる夫婦で夫が亡くなった場合、妻の相続分は2分の1、残りの2分の1を子どもの人数で分けることになる。子どもの人数が少なくなれば、相対的に子どもの相続分は増す。少子高齢化で子どもが相続する遺産は増えているのだ。

結婚した夫婦が最終的に何人の子を産むかという完結出生児数という統計があるが、1957年の完結出生児数は3・6人、つまり、夫、妻、子ども4人というのがモデル世帯だった。

そうであれば、夫が亡くなった場合の子どもの相続分は、8分の1ずつとなる。だが2010年の完結出生児数は1・96人、つまり夫、妻、子ども2人というのがモデル世帯となる。そうなると子ども1人の相続分は、4分の1になる。子どもの人数が減ったことで、子どもの相続分は相対的に増えており、子どもの相続を保護する必要性も高くなくなっている。

他方、高齢化により夫と死別した妻の年齢は高くなっている。高齢の妻が残され、相続により住む所も失ってしまうとなると、途端に妻の生活は行き詰まる。現に、高齢独居老人が新たに賃貸物件を借りることのハードルは高い。そのため、妻を保護する必要性も高くなってきている。

そこで、今回の相続法の改正では、配偶者を保護するという視点で制度が設けられた。建物の権利を所有権と居住する権利に分け、配偶者が居住権だけを相続する配偶者居住権という制度が設けられることになった（2020年4月施行）。配偶者は、所有権を相続しなくても、自分が亡くなるまでは自宅に住み続けることができるようになる。

配偶者への居住用不動産の贈与や遺贈について、遺産分割時に優遇する規定も新設された。

家族のあり方は多様化している。生涯未婚率は上昇しており、離婚する夫婦も増え、連れ子がいる人同士の再婚は珍しくない。事実婚を選択する人や同性パートナーと同居する人もいる。

遺言作成を促す制度

家族のあり方は多様化しているが、相続の仕方を法律で決めようとすると、ある程度画一的な規定とせざるをえない。相続法は、故人の意思や合意がない場合に適用されるもので、必ずしも相続法に従う必要はない。もし、被相続人が相続法と異なる相続を実現させたいのであれば、遺言を書いて、自分が望む相続の仕方を指定すればよい。

そうした中、それぞれの家族に合った相続を実現するためには、やはり遺言が不可欠であり、事実、遺言の件数は増加傾向にある。今回の相続法改正では、遺言を書きやすい制度にするための改正もなされた。

通常の遺言は、公証人の面前で作成する公正証書遺言と、手書きで遺言を記す自筆証書遺言の2つだ。公正証書遺言は、作成時、公証人に関与してもらうので、ある程度は安心感があるし、紛失や変造のおそれもない。しかし、費用がかかり、公証役場に行くのも面倒だ。（日本公証人連合会のHPで、手数料などが調べられる）

それに比べて、自筆証書遺言は、紙とペンと印鑑があればすぐに作れるのでお手軽である。

しかし、自筆証書遺言は細かな遺産についてもすべて手書きする必要があった。

2019年1月以降は、すべて手書きという要件が緩和され、財産目録については印刷物に署名・捺印をするのでもよくなった。印刷物も可能なので、パソコンで作成して印刷してもよいし、登記（全部事項証明書）や通帳のコピーでもよいのである。

ただ、自筆証書遺言には、なくしてしまう、遺族が発見してくれないという懸念があり、自分に不利な遺言が書かれているのを知った相続人が廃棄したり変造したりするおそれもある。

それに加えて、自筆証書遺言を執行するためには、裁判所で遺言の内容を確認する検認という手続きが必要であり、検認には1~3カ月かかる。これではせっかく遺言を残しても機動的な遺言の執行はかなわない。

そこで、2020年7月からは、自筆証書遺言を法務局で預かるという制度が導入される。

これにより、自筆証書遺言であっても紛失のおそれがなくなり、また検認の必要もないので機動的な遺言執行が可能になる。自筆証書遺言を書く人がますます増えることが期待されている。

これまで指摘されていた相続制度の不都合な点についてもいくつか解消されている。

従来、相続人以外の親族が、無償で療養看護などを行い、被相続人の財産維持に貢献していたとしても、相続において相続人以外の親族が金銭などをもらう制度はなかった。

今後は、相続人以外の親族が、無償で療養看護などをしたことで被相続人の財産維持に貢献した場合、一定額の金銭を請求することが認められる。これにより、例えば「お嫁さん」が義父母の介護をしていた場合、一定程度は報われるようになる。

2016年12月に最高裁判所の判例が変更され、預金が遺産分割の対象になったため、遺産分割が終わらないと預金は引き出せなくなった。

それ以前は、預金が凍結されても金融機関の内部的な対応にすぎなかったため、弁護士を通せば自分の相続分は引き出せたし、当面の生活費や葬儀費用については金融機関が柔軟に対応してくれることもあった。

だが、16年の判例変更によって、当面の生活費や葬儀費用も引き出せなくなってしまい、故人の預金を生活の原資としていた人は困っていた。そこで、一定金額を上限に、遺産分割協議をしなくても預金が引き出せるようになった。

遺言により相続した不動産については、これまですぐ登記をしなくてもとくに不都合はなかった。今回の改正により、遺言で不動産を相続した場合、法定相続分を超える部分については、登記をしないと第三者に対抗できなくなった。遺言で不動産を相続した相続人はすぐに登記をする必要がある。

相続法改正のポイント

①配偶者居住権で妻が自宅に住み続けられる
②結婚20年以上の妻へ自宅の贈与を優遇
③自筆証書遺言でも財産目録は印刷物でOK
④自筆証書遺言保管制度で紛失・変造対策を
⑤義父母への介護が報われる「特別寄与料」
⑥預金から葬儀費用や当面の生活費が引き出せるように
⑦遺言で不動産を相続したらすぐに名義変更

武内優宏（たけうち・ゆうこう）
早稲田大学卒業後、小笠原六川国際総合法律事務所入所。2011年に同所を退所し、法律事務所アルシエンを開設。終活カウンセラー協会の法律監修・講師も務めている。

配偶者居住権や特別の寄与で「報われる人」が増える

弁護士・武内優宏

2019年7月からの相続法の改正で多くの人にいちばん関係があるのが、預金の引き出しだろう。

相続法の改正により、遺産分割成立前であっても、各口座残高に対する相続分の3分の1までの預金（ただし、1金融機関当たり150万円が上限）を引き出せる。

とはいえ、これで預金がすぐに引き出せるようになったかというと、そうではない。「相続分の3分の1まで」という制約がある以上、金融機関としては、相続人の範囲を確定させ、相続分を計算する必要がある。

相続人の範囲を確定させるには、戸籍を取る必要がある。生まれてから亡くなるまでずっと同じ場所が本籍地であれば、簡単に戸籍を集められるが、本籍地が移動しているケースだと、戸籍を集めて相続人を確定するだけでも2〜3カ月かかってしまうこともある。

法律上はすぐに預金を引き出すことが可能になったからと何も準備をしていないと、預金を引き出すまでに思いがけず時間がかかり、当面の生活費や葬儀費用が用意できないという事態も生じうる。

ここは、今までどおり生命保険のほうが有利な点である。生命保険金は受取人固有の財産となるので、受取人だけの手続きで受け取ることができる。葬儀費用など死後すぐに使うようなお金は、これまでどおり生命保険で準備しておくほうが無難といえる。

もし「親や配偶者が亡くなりそうだが、保険に入っているかわからない」という場合は、事前に戸籍を集めて相続人を調べておくのも手だろう。一度戸籍を集めておけば、亡くなった後に一から集めるよりも圧倒的に時間を短縮できるからである。

また、遺産分割前の預金引き出しは150万円が上限となる。これだと高額な相続税を支払うという場合には対応できない。

相続税の納税は亡くなってから10カ月以内となっており、遺産分割が成立していようといまいと納税しなければならない。

いざ納税しようと思っても納税資金はまだ故人の通帳の中にある。遺産分割に合意できていないので納税資金が用意できないということもありうる。

この場合、仮分割の仮処分という方法が取れる。家庭裁判所に対して仮分割の仮処分を申し立てると、遺産分割調停のように時間をかけないで、納税資金などについてだけ仮で遺産分割をすることができる。

ただし、仮分割の仮処分の申し立てをするには、すでに遺産分割調停や審判を申し立てていることが必要な点には注意が必要だ。

配偶者居住権の使い方

夫が亡くなり自宅を誰に相続させるかを検討するとき、母親と同居している息子に、自宅を相続させるという家は多い。

子どもへの相続後も仲良く同居を続けられるのであれば問題はないが、途中で同居を解消するケースもある。父親が生きている間は嫁姑問題がクローズアップされてこなかったが、父親の死を契機に嫁姑問題が勃発することがある。

嫁の意向により自宅を売却して、息子夫婦は新しいマンションに引っ越しとなる。それで、年老いた母親は賃貸アパートで一人暮らしを余儀なくされる、というのもよくある話だ。子どもを信頼しすぎると住む場所を失ってしまうこともあるのだ。

高齢女性の一人暮らしでは賃貸物件を借りるにもハードルは高い。万が一、子どもが別居を望んでも生活を維持できるように備えておくことはとても重要なことである。

その点で、配偶者居住権は対策方法の1つになる。

母親が亡くなった後、スムーズに子どもが自宅を相続できるようにするために、自宅は子どもに相続させたいというニーズと、母親が死ぬまでは自宅に住み続けられるようにしたいというニーズが両立できるようになった。

子どものいない夫婦の場合、夫が亡くなった後、妻が自宅に住み続けられるように、自宅は妻に相続させたいという人は多い。

しかし、妻が亡くなり、妻の親も亡くなっていれば、妻が相続した自宅は妻のきょうだいが相続することになってしまう。

妻が死ぬまでは妻に自宅に住んでもらいたいが、妻のきょうだいが相続するくらいなら自宅は自分のきょうだいやおい・めいに相続させたいという希望も実は多い。自宅が、夫が建てた家ではなく、親から相続していたりしたらなおさらだ。○○家の財産を妻側が相続することになるのは嫌だというのは心情として理解できる。

そのような場合も配偶者居住権が効果的だ。

妻には自宅に住み続けられる配偶者居住権を残し、家や土地の所有権は自分のきょうだいに相続させれば、妻は亡くなるまでは自宅に住むことができる。妻が亡くなった後、配偶者居住権は消滅するので、最終的には自分のきょうだいが自宅を好きに利用することができる。みんなにメリットがある制度だ。

配偶者居住権を設定するには、まず、居住権者となる配偶者が相続開始時にその家に住んでいる必要がある。

例えば、別居して妻が賃貸住宅に住んでいた場合や転勤などで自宅を他人に貸していた場合はこれを設定できない。夫が別居してほかの家に住んでいても、妻が夫名義の家に住んでいれば、妻に配偶者居住権を設定することは可能である。また、子どもなど配偶者以外の共有者がいる場合には設定できない。

配偶者居住権を第三者に主張するためには登記をする必要がある点には注意したい。登記をしていないと万が一建物を売られてしまった場合には新しい所有者に対しては居住権を主張することはできない。

また、配偶者居住権は売却ができない点も注意が必要である。自宅に住み続けられるようにと配偶者居住権を設定しても、実際にずっと自宅に住み続けるかは別問題だ。もしかしたら老人ホームに入居するかもしれない。

配偶者居住権を持った妻が自宅に住まなくなった場合、所有者の承諾があれば転貸することは可能だが、売却することはできない。老人ホームなどは入居の際に一時金がかかることが多い。現金があれば問題ないのだが、配偶者居住権しかないとなると、配偶者居住権は売却できないので、一時金の原資にはならない。

このように途中で自宅に住まなくなる事態に備えて、妻が配偶者居住権を事前に放棄する場合には、所有者が配偶者居住権を放棄する時の価値相当額の金銭を支払うという合意なり負担なりを所有者に課しておくというのは1つの解決方法だ。

配偶者居住権は、遺言で設定するほか、遺産分割協議において合意によっても設定できる。

ただ、配偶者居住権はこれから始まる制度であり、まだまだ未解明な部分も多い。もし配偶者居住権を利用したいという人は、相続知識に長けた弁護士、税理士の両方に相談したうえで、綿密なプランを練ってから利用したほうがよいだろう。

■妻が自宅を相続しなくても住みやすくなった
—子どもがいない夫婦の例—

改正前 自宅に妻が住み続けられるようにしたいが、妻の死後に妻のきょうだいが相続するのは嫌だ

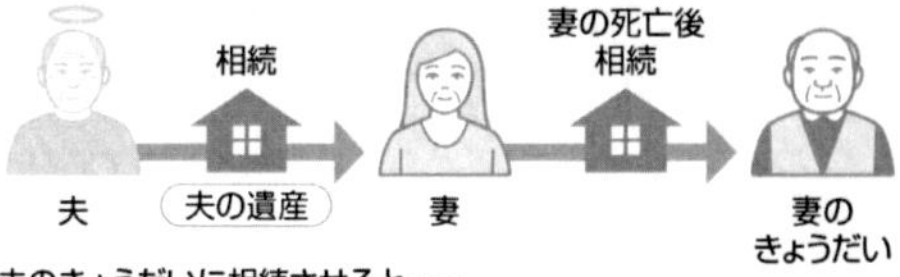

夫のきょうだいに相続させると……

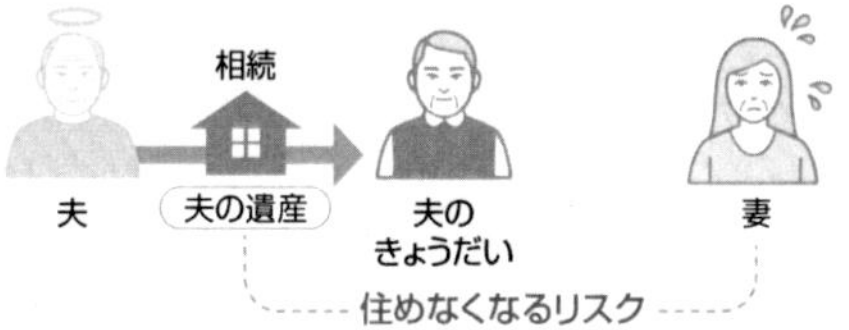

改正後 夫のきょうだいが相続しても、妻は自宅に住める。妻が亡くなった後、配偶者居住権は消滅

配偶者に老後資金を残す

生前贈与でも改正のポイントがある。ここでは簡単に解説したい。

時価5000万円の自宅と5000万円の預金が遺産としよう。妻と子ども2人がそれを相続するとなると、妻が5000万円、子どもがそれぞれ2500万円を相続することになる。

例えば、自宅は妻に生前贈与していたという場合、今までであれば、原則として、妻への自宅の生前贈与は**特別受益**といって、それも遺産に含めて遺産分割をすることになる。そのため、妻は自宅をもらって終わり、預金は2500万円ずつ子どもたちが相続することになった。

しかし、今後は、結婚して20年以上経った配偶者への居住用不動産の贈与や遺贈は、遺産分割の際に、遺産に含めないでよくなった（特別受益の持ち戻し免除の推定）。

そうすれば、妻は自宅＋預金2500万円を取得することができ、子どもたちは残りを1250万円ずつ分けることになり、自宅＋老後の生活費を確保することができる。

なお、似たような制度として、婚姻期間が20年以上の夫婦の場合、居住用不動産または居住用不動産の取得資金を贈与した場合には2000万円まで贈与税がかからないという制度がある。

税務上は居住用不動産の取得資金でもよいが、特別受益の持ち戻し免除の推定は居住用不動産の贈与のみだ。似たような制度なので、間違えて住宅取得資金を贈与してしまうと、亡くなった後の遺産分割で思いがけず特別受益として認定されてしまうこともありうるので注意が必要だ。

自筆証書遺言の緩和

自筆証書遺言では、財産目録については印刷物でもよくなった。ただし全ページに署名、捺印をする必要がある。注意が必要なのは両面印刷している場合だ。両面印刷した場合には、表面だけでなく裏面にも署名、捺印をする必要がある。

財産目録が印刷物でもよくなったのは2019年1月13日以降の遺言だけだ。それより前に作成した遺言はすべて手書きでなくてはならない。

また、2020年7月から遺言を法務局で預かる制度が始まる。これは民法の改正ではなく、遺言書保管法という新たな法律に基づく制度だ。

自筆証書遺言について、原本とともに画像データが法務局で保管され、紛失や変造の危険がなくなる。

自筆証書遺言は、変造のおそれがあるため、これまで「検認」という裁判所で遺言の内容などを確認する手続きをしないと遺言執行をすることができなかった。しかし、これからは法務局に預けた自筆証書遺言については検認がいらなくなるので、今までよりも機動的な遺言執行が可能になる。

だからといってすぐに遺言を執行できるかというとそうではないので注意が必要だ。

ここでも戸籍を集める手間が出てくる。法務局で遺言の閲覧をする場合、全相続人に通知が行くという運用になるため、遺言を閲覧するためには相続人確定が前提となると見込まれる。

つまり、戸籍を集め終わるまでは、遺言の閲覧も遺言の執行もできないということになる。すぐに遺言執行をしたいのであれば、先に戸籍を集めて相続人を確定しておくほうがよい。

特別寄与料の請求

息子の妻が、同居している義父母の介護をしているというのはよくある話である。息子の妻は義父母が亡くなっても相続人にはならない。これまで、いくら献身的に義父母を介護してきたとしても、相続人でない息子の妻が遺産分割で金銭を請求する権利は認められていなかった。遺産分割に関われず、息子の妻が面倒を見るのは当たり前とばかりに扱われ、悔しい思いをしているという相談を何件も受けたことがある。

しかし、これからは、相続人以外の親族が故人を無償で献身的に介護していた場合、特別寄与料として一定程度報われる可能性がある。そのような場合、相続人に対して、特別寄与料を請求できるようになったのだ。

例えば、次図のように夫（息子）がすでに亡くなっているケースでも、相続した夫のきょうだいに金銭請求ができるようになる。

■ **介護してきた妻も報われる** —特別の寄与の制度—

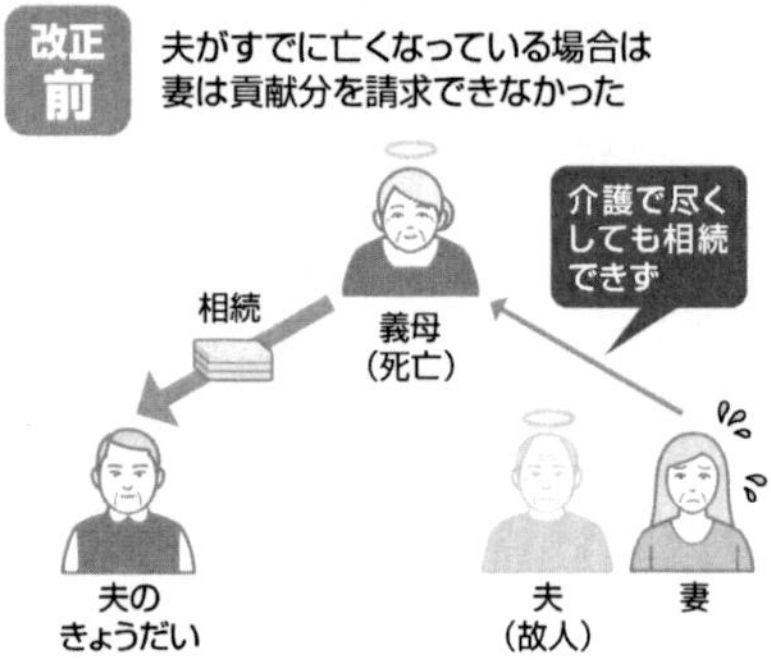

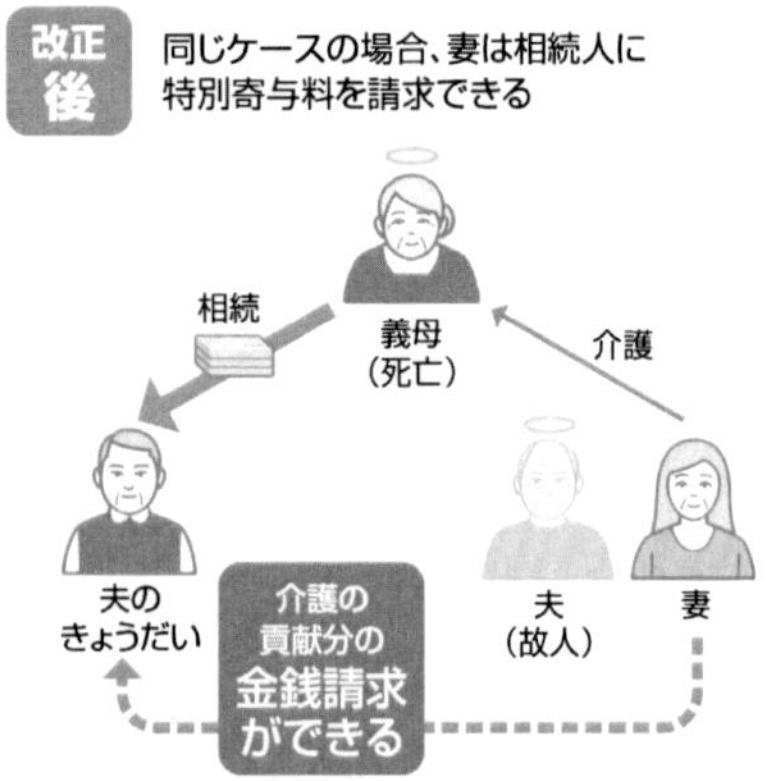

特別寄与料の請求は、「無償」で労務提供をしたことによって、被相続人の財産の維持または増加に貢献していたという必要がある。何らかの対価をもらっていた場合には認められない。

特別寄与料は、遺産分割協議とは別に請求できる制度になっており、相続人以外が遺産分割に関わってくるわけではない。しかし、実質的には、遺産分割に第三者が介在しているのと同じであり、考えようによっては紛争の種が1つ増えたともいえる。

紛争防止のためには被相続人に遺言などで配慮してもらうことだ。息子の妻であっても特別寄与料が請求できるようになったということを理由に、遺言などで息子の妻への介護の努力について何らかの配慮をするように依頼しておくのがよい。そうすれば、亡くなった後で、特別寄与料をめぐって争いになることを防止できる。

なお、特別寄与料の請求は、相続開始および相続人を知ったときから6カ月または相続開始から1年間という短い期間しか行使できないので、それは頭に入れておきたい。

特別寄与料を受領した場合、遺贈により取得したと見なされるので、贈与税の申告が必要になる可能性がある。そのため、この場合は、税理士に相談したほうがよい。

今回の相続法の改正により、遺言や生前贈与、配偶者居住権の設定など事前の相続対策手段が広がった。だからといって聞きかじった知識で飛びつくのは危険だ。

相続対策はとても難しいので、しっかりと専門的知識を持った人に相談したほうがよい。

遺産分割紛争を防止したいという目的があるのなら、弁護士が安心だ。実際に遺産分割紛争を解決している職業は弁護士しかいない。それ以外の専門家も相続紛争対策をうたっている場合もあるが、弁護士の知識を活用するのが、いちばんよいだろう。

相続税対策をしたいのであれば、税理士が専門である。そもそも税務相談に乗ってよいのは税理士だけである。残念なことだが、弁護士にだけ相談して相続対策をした結果、相続税が高くなって納税資金が用意できなくなるなど、遺言がありながら遺産分割をやり直しているというケースもよくあるのだ。

せっかく事前に相続対策をするのであれば、弁護士と税理士など両方に相談し、法務的にも税務的にも万全の対策を取っておくことがよい。

こうすればもめません！

相続を円滑に進める23の鉄則

法律ライター　元弁護士・福谷陽子

相続を円滑に進めるために、絶対に忘れてはならないポイントがいくつかある。遺言書（公正証書遺言）はどうして必要なのか。これまでの経験に基づいて「23の鉄則」をまとめたので参考にしていただきたい。

【鉄則1】遺言書を書いておく

どのような事案でも、相続対策を行うなら、相続について書き記した「遺言書」の作成が必須と考えましょう。遺言によってすべての遺産相続方法を指定しておけば、死亡後に相続人たちが「遺産分割協議」をしなくてよいので、もめる要素が大きく減ることになります。

また以下の項目で個別に説明していくとおり、遺言を利用すると、その後に起きそうな相続をめぐるトラブルを回避するため、いろいろな対策を取ることが可能になります。

【鉄則2】公正証書遺言にする

遺言書を作成するときには必ず「公正証書遺言」にしましょう。公証人に作成してもらう信用性の高い遺言書です。特長として、無効になりにくく、公証役場で保管されるので紛失の可能性がありません。偽造や書き加え、隠匿などの危険も小さいため、トラブル防止効果が大きいことも利点です。

自宅で簡単に作成できる自筆証書遺言は手軽ですが、無効になったり相続開始後に「偽物だ」などと言われたりして相続人同士の争いの種になることもあります。公証役場に申し込みをし、定められた日に公証役場に行けば、作ってもらえます。

【鉄則3】遺留分に注意する

遺言書で特定の人に多く遺産を渡す場合、相続人の遺留分（最低限度の遺産取得割合）を侵害しないよう注意すべきでしょう。遺留分を侵害すると、死後に侵害された相続人が侵害者（遺言や遺贈を受けた人）に対し、「遺留分侵害額請求」という金銭請求を行い、トラブルになる可能性が高くなってしまいます。

せっかく遺言書を作成しても、遺留分を侵害したらかえってトラブルのもとになってしまうので意味がありません。

【鉄則4】財産目録を作っておく

遺言書を作成するときには必ず「財産目録」を一緒に作成しましょう。相続財産や負債を一覧で示した表です。

目録があればどのような遺産があるか一見してわかるので、死後に一部の相続人が「ほかの相続人が遺産隠しをしている！」などと疑心暗鬼になることを避けられます。遺産隠しや使い込みもすぐに明らかになります。

【鉄則5】遺言執行者を指定しておく

遺言書を作成する際、「遺言執行者」を定めておくといいでしょう。遺言執行者とは、遺言によって指定された内容を具体化する人で、不動産の名義変更や預貯金払い戻しなどを行えます。

遺言執行者がいなかったら、受贈者（遺贈を受けた人）や相続人が自分で不動産登記などをする必要がありますが、遺言執行者は単独ででき、弁護士への依頼も可能です。

【鉄則6】生前贈与した相続人がいる場合、「特別受益」について対応しておく

相続人の中に生前贈与を受けた人がいる場合などには「特別受益」に注意をして下さい。特別受益とは、特定の相続人が贈与や遺贈によって特別に受けた利益です。特別受益があると、その相続人の遺産取得分を減らすための「特別受益の持ち戻し」という計算をします。

しかし特別受益を受けた本人は持ち戻し計算を認めないことも多いので、遺産分割

協議の際にほかの相続人との間でトラブルになる可能性があります。

遺言書によって「特別受益の持ち戻し計算の免除」をしましょう。そうすれば、特別受益の持ち戻しが行われないので「特別受益があった」「なかった」との争いがなくなります。

遺言によってすべての遺産相続方法を指定しておくという手もあります。そうすれば相続人たちが遺産分割協議をしなくてよいので、争いが発生しません。


【鉄則7】献身的に介護してくれた相続人などがいたら、遺言書を作成して遺産の取得分を多めにしておく

献身的に介護をしてくれた相続人や、若い頃から長年家業を無償で手伝ってくれた相続人がいる場合などには、「寄与分」が認められる可能性があります。寄与分が認められそうな相続人がいる場合には、その分、多めに遺産を相続させるよう遺言書で指定しておきましょう。

【鉄則8】生命保険を利用する際、不平等になりすぎないようにする

生命保険は相続対策に有効です。相続人や相続人以外の特定の人に財産を残すことが可能ですし、死亡保険金には相続税控除が認められます。

しかし一部の相続人の受取額が多額になると、それが特別受益と見なされて遺産分割協議で大きなトラブルになる可能性もあります。子どもなどの相続人に保険金を受け取らせるときには、ほかの相続人との不平等に気をつけましょう。

【鉄則9】遺産が少ない場合にも必ず遺言を作成する

「遺産が自宅不動産のみで預貯金はほとんどない」など遺産が少ない場合、どうしても「遺言書など不要だろう」と思ってしまいがちです。

しかし遺産額が1000万円以下の案件でも家庭裁判所での遺産分割調停に持ち込まれるケースがあります。むしろ不動産が1つしかない場合、誰か1人の相続人しか不動産をもらえずトラブルになることが多いのです。遺産額が少ない、家しかないというケースでこそ、公正証書遺言を残しておきましょう。

【鉄則10】障害のある子どもがいる場合、家族信託を利用する

例えば、障害のある子どもを育てていて、将来に不安を感じている場合、家族信託の利用をお勧めします。信頼できる親族にお金を預けて、自分の死後も障害のある子どものためにお金を使ってもらうことができます。

そうすれば、子ども自身に財産管理能力がなくても、子どもの生活を維持していくことが可能となります。

家族信託は死後に内縁の妻のためにお金を使ってほしいといったケースにも活用できます。

家など財産の管理を親族に任せたいケースのほか、事業承継のケースなど、さまざまな場面で応用できるので、詳しく知りたければ、専門家に相談してみましょう。

【鉄則11】事業承継は、専門家に相談して早めに対処する

会社経営をしている方は、遺産相続だけではなく事業承継の検討も必要です。事業承継には10年程度かかります。後継者の選定や育成、経営スキルの承継や、会社株

式・事業用資産の承継、人間関係の構築など、さまざまな対処が必要だからです。

ぎりぎりになって事業承継対策を開始すると、間に合わないかもしれません。その前に経営者が病に倒れ、廃業に追い込まれるケースもあると思います。できれば経営者が60歳になるまでに専門家に相談するのがおすすめです。

【鉄則12】借金があったら債務整理しておく

もしも借金があるなら、必ず生前に整理しておくことをおすすめします。借金も相続されるので、何もせずに死亡すると相続人たちが借金を返済しなければならなくなるからです。

借金を相続しないためには「相続放棄」をする必要がありますが、相続放棄ができる期間は限定されているため、間に合わずに借金を背負ってしまう相続人もいます。早めに手続きをするように気をつけたいところです。

被相続人の代できちんと借金を整理しておけば、相続人に受け継がせることもなく、トラブルを防止できます。

【鉄則13】前妻の子どもや認知した子どもがいる場合、遺留分に配慮して遺言書を作成する

再婚している方で、前妻、前夫との間に子どもがいる場合や婚外子がいる場合、それらの子どもたちの相続権に注意が必要です。前婚の際の子どもや認知した子どもにも今の家族の子どもと同じだけの相続権があるので、新しい家族と前婚の際の子ども、認知した子どもが全員共同して遺産分割協議を行わねばなりません。

今の家族が納得せずトラブルになりそうなら、遺言書で今の家族に多くの遺産を相続させるような内容にしておきます。ただ前婚の子どもや認知した子どもには遺留分があるので、そこにも配慮した内容にしなければなりません。

【鉄則14】配偶者と内縁関係の場合、遺言書で財産を残す

今の配偶者とは婚姻しておらず、「内縁状態」の人も多くいるはずです。内縁の配偶者には「相続権」がないので注意が必要となります。家も預貯金も内縁の配偶者が引き継ぐことはできず、ほかの「法定相続人」が相続してしまうからです。

内縁の配偶者に相続させるには、遺言書で与えたい遺産を内縁の配偶者へ遺贈することが必要となります。すべての財産を包括的に内縁の配偶者へ遺贈することも可能です。

【鉄則15】土地の共有持ち分がある場合、共有状態を解消しておく

被相続人が土地や建物などをほかの人と「共有」している場合、生前に「共有状態を解消」しておきましょう。共有状態とは、複数の人が1つのものを共同所有する状態です。一人ひとりの共有持ち分権者には「持ち分」という割合的な権利が認められます。共有状態のまま死亡すると、持ち分割合が法定相続分に従って相続人に分割承継され、持ち分が細分化します。自分の代でほかの共有持ち分権者と共有状態の解消を。共有物分割調停や訴訟での分割も可能です。

【鉄則16】相続税が発生する事案か否かを調べる

多額の相続税が発生すると、手元に余裕のない相続人たちは支払いに対応できません。相続税が発生するのは、「相続税の基礎控除」を超える場合です。相続税の基礎控

除の計算式は、3000万円＋法定相続人の人数×600万円。それを超える場合、相続税対策が必要です。

【鉄則17】多額の現預金は不動産に換える

相続税対策としては、現預金を不動産に換える方法が有効です。現預金のままでは額面価格が相続税評価額となりますが、不動産にすると「相続税路線価」という低い評価方法で評価されるからです。購入した土地・建物を賃貸に出すと、さらに相続税評価額が下がります。「小規模宅地等の特例」という制度を当てはめることによって評価額を50％または80％減にできるケースもあります。

多額の現預金を持っている人は、値崩れしにくいマンションや土地・建物を購入しておくことによって相続税を低く抑えやすくなります。

【鉄則18】相続税対策として孫と養子縁組をする際はほかの子どもにも理解を求めながら行う

相続税の基礎控除を計算する際「3000万円+法定相続人数×600万円」の控除が認められるので、法定相続人数が多いと相続税が発生しにくくなります。

しかし、特定の子どもの子ども（孫）を相続人にした場合は、ほかの子どもが不満を感じることが多くなるので、トラブルになりがち。理解を得る努力が必要となるでしょう。

孫を養子にするときには、ほかの相続人に理解を求めることが必須といえます。また、孫とその親（特定の子ども）だけ取得分が大きくならないよう、遺言書によってほかの相続人との関係で全体的に平等になるように対処しておくのがいいでしょう。

【鉄則19】相続税の納税資金も残しておく

相続税対策では現預金ではなく不動産を所有していたほうが評価額を低くできるので有利ですが、すべての現預金を不動産につぎ込むと相続税の支払いができなくなり、不動産を切り売りするか、現物で納税するか、あるいは分割払いするしかなくなるので注意が必要です。

現物で納税すると、不動産としての評価額になるので、現金で納付するより多めの不動産が必要になり損をします。分割払いにすると無駄な利子が発生します。そのため、全部を不動産に換えるのではなく、相続税の納税資金として現預金を残しましょう。

納税資金のために生命保険を利用して、死亡と同時に相続人にまとまった死亡保険金を受け取らせる方法もありますので、そのあたりも考えてみましょう。

【鉄則20】生前に相続人を集めて話をしておく

遺産相続トラブルを絶対に起こさないためには、生前に相続人を集めて親としての考えを明確に述べておくことがいちばん効果的だと思います。生前贈与や寄与分がある場合の対応についても、子どもたち全員に口頭で伝えておきましょう。

相続開始後は、子どもたちが「私はこう聞いていた」「そんなの聞いていない」など認識が一致せずトラブルになりやすいもの。なかなか難しいかもしれませんが、生前に「全員集めて話をする」機会を設けると、死後に話がまとまりやすくなります。

【鉄則21】生前に認知症対策を行っておく

最近では高齢化が進んでいるので、どのような方も認知症になるリスクを抱えています。認知症になって自分で財産管理ができなくなると、同居の長男など一部の相続人が財産を使い込んで、死後に大きなトラブルが発生する可能性もあります。認知症が心配な人は、元気なうちから将来に備えて認知症対策を行っておきましょう。

例えば「**任意後見制度**」を使うと、認知症になった後は弁護士などの専門家に財産管理を任せられますし、家族信託を利用すれば、認知症になった後、あらかじめ決めたとおりに家族に財産管理をお願いできます。

【鉄則22】同居の親族に財産管理を任せすぎない。任せるなら明細を取っておく

相続トラブルとしてよくあるのが同居の親族による預貯金の使い込みです。実際には使い込んでいなくても、ほかの相続人が疑いをかけて、最終的に大きなトラブルになる事例が多々あります。

使い込みによるトラブルを防ぐには、親が生きているうちに同居の長男など親族に

財産管理を任せすぎないことです。同居の親族に財産を管理させる場合、必ず明細を残させて、後になってあらぬ疑いをかけられないように注意しましょう。

【鉄則23】自筆証書遺言を書くなら、必ず専門家からアドバイスを受ける

遺言は公正証書遺言にするのがお勧めですが、面倒だったり費用がかかったりするのが嫌だ、どうしても自筆証書遺言がよい、という人もいます。

もし自筆証書遺言を作成するなら、必ず弁護士や司法書士などの専門家に遺言書を見せて、無効になる可能性がないかどうか確認を。そのうえでその専門家に預かってもらえば、保管中の紛失や書き加え、隠匿などのトラブルを防げます。

福谷陽子（ふくたに・ようこ）
10年の弁護士としての経験を生かし、相続をはじめとする各法律分野において執筆を行う。現役時代から相続対策や遺産分割のトラブルに高い関心を持ち、数多く取り扱っていた。

生前贈与フル活用のススメ

税理士・祖父江慶彦／行政書士・東　優

贈与は本来、贈与者（渡す側）が受贈者（もらう側）に無償で財産を渡す合意により成立する契約である。

生前に贈与を行うと、相続などで財産を取得する場合と比べて、もらった側の支払うべき税金が高額になるのが通常である（暦年課税贈与で年110万円を超える贈与額に対し10～55％の税率）。

一方で、一定の条件の下、贈与税が非課税となる特例制度があり、これらの制度をうまく活用することで、相続時の税金まで考慮してトータルでかなりの金額の節税をすることも可能である。

節税対策については、厳密には数多くの方法があるのだが、大まかにいえば、「財産を減らすこと」と「財産の評価額を下げること」の2つの手法がある。「財産の評価額を下げる」ことの典型例としては、相続時に特定居住用小規模宅地の評価減適用を受けるために子が親と同居するなどの方法があるが、本稿ではあくまで生前に「財産を減らすこと」を目的として活用する贈与について主に解説する。

生前贈与の代表的制度

親から子への生前贈与についての代表的な課税制度として「**暦年課税贈与**」と「**相続時精算課税**」との2つがある。

「暦年課税贈与」では、受贈者1人当たり年間110万円の基礎控除額があり、受贈者1人当たりの贈与財産の合計が1月1日〜12月31日の1年間で110万円以下なら贈与税はかからず、申告も不要となる。

この暦年課税贈与を早くから活用することで、財産をそうとう減らすことが可能となる。子や孫などの若い世代の消費活動の活発化につながる効果もある。

暦年課税贈与の利用に際し注意すべき点として、①連年贈与とならないようにすること（毎年一定の時期に一定の額を贈与し続けると定期贈与となり、毎年認められるはずの110万円の基礎控除が使えなくなる）、②相続開始時3年以内の贈与は相続税課税対象財産として持ち戻されること、③親が高齢の場合の贈与は、認知症などで贈与に対する意思能力が疑わしいケースもあり、贈与契約としての効力が認められないリスクがあること、などが挙げられる。

暦年課税贈与については、やはり親が元気なうちに早くから、時間をかけて取り組んでいくことがポイントである。

「相続時精算課税」では、まずは贈与者が受贈者に財産を贈与し、受贈者が贈与税を支払う。その後、贈与者が亡くなったときに、その贈与財産と相続財産との合計額を基礎として相続税を計算、そこで算定された相続税額からすでに支払った贈与税額を控除して精算する制度である。

この制度を選択すると、2500万円の贈与税特別控除があるため、親等から子等へ早めに大きな金額の財産を贈与する場合は、通常の贈与税よりも大幅に税額を抑えることができる。

ちなみに贈与者1人当たり累計2500万円を超えた部分に対しては、20%の税率で贈与税が課税されることになる。相続時の財産評価については贈与時点の価額で行われるため、贈与時より相続時のほうが値上がりするような財産の贈与で、より大きな節税効果がある。また収益物件などを贈与する場合、賃料等の財産の蓄積も防げるため、より大きな節税効果がある。

この制度は、贈与者ごと、そして受贈者ごとに選択的に利用することになるので、誰が誰に贈与する分として利用するのか、明確にする必要がある。

相続時精算課税を選択した場合、その贈与者から受贈者への贈与については暦年課税贈与の併用はできないことに注意したい。この制度を使う場合、最初に贈与を受けた年の翌年3月15日までに相続時精算課税制度利用に関する届け出および贈与税申告が必要である。

相続時精算課税制度は節税対策として活用するというよりも、早めにまとまった財産を生前贈与する必要がある場合に主に活用される制度といえる。

■ **大幅に税額が減る**
―暦年課税と相続時精算課税との比較―

	暦年課税	相続時精算課税
贈与者	誰でも	原則：60歳以上の父母または祖父母 特例：住宅取得資金の場合、年齢制限なし
受贈者	誰でも	20歳以上の子または孫（直系卑属）
控除額	基礎控除額：年110万円	特別控除額：通算で2500万円 （贈与者1人ごとに）
税率	**10～55%**	**一律 20%**
適用手続き	不要 （110万円を超える贈与を行った場合、申告が必要）	最初に贈与をした年の翌年2月1日～3月15日に「相続時精算課税選択届出書」を提出。以降は贈与のたびに贈与税の申告が必要
申告期限	贈与の翌年2月1日～3月15日	贈与の年の翌年2月1日～3月15日
贈与財産についての相続時の課税	相続開始前3年以内の贈与財産に限り、相続税の課税対象となる	相続時精算課税の適用を受けた贈与財産の全部が、相続税の課税対象となる

教育資金を一括贈与する場合、父母または祖父母など直系尊属から子・孫へ1人当たり1500万円を上限として贈与税が非課税となる制度もある。

利用するには、まず金融機関で子や孫名義の非課税制度専用の口座を開設し、贈与する資金を預ける。入学金や授業料などが必要になったとき、受贈者がその口座から資金を引き出して活用することになる。

受贈者は原則として30歳になるまでに必要となる教育資金を当該口座から引き出す。その際には教育資金に使ったことの証明資料として、領収書等を金融機関に提出する必要がある。

贈与者は2021年3月末までに教育資金を拠出する必要があること、2019年4月1日以降は、受贈者側に年間所得1000万円以下であるとの要件が追加されたこと、教育資金を拠出してから3年以内に相続が発生した場合、未使用残額が相続財産に持ち戻されること（受贈者が相続発生日に23歳未満等の場合を除く）、さらに、2019年7月1日以降は23歳以上の者が学校以外の習い事等で支払ったものについては非課税対象外となることなど、制度活用の際には注意すべきことが多い。

結婚・子育て資金を一括贈与することについては、父母または祖父母（直系尊属）から子・孫へ1人当たり1000万円を上限（結婚関係で支払われるものについては300万円を上限）として贈与税が非課税となる制度がある。

利用するには金融機関で子や孫名義の非課税制度専用の口座を開設し、贈与する資金を預ける。結婚・子育て資金が必要になったとき、受贈者がその口座から資金を引き出して活用する。

受贈者は原則50歳になるまでの間に必要となる結婚・子育て資金を当該口座から支出、当該資金に使ったという領収書を金融機関に提出する必要があるなど、制度活用の流れは教育資金の一括贈与と同じである。

そのほか、贈与者は2021年3月末までに資金を拠出する必要があること、結婚・子育て資金の拠出後、未使用残額があるうちに相続が発生した場合、その残額が相続財産に持ち戻されること、2019年4月1日以降は、受贈者側に年間所得1000万円以下であるとの要件が追加されたことなど、教育資金の一括贈与と同じく、制度利用に当たっては、やはり注意が必要だ。

■入学金などに活用できる

―教育資金、結婚・子育て資金の一括贈与に係る贈与税の非課税措置―

	教育資金	結婚・子育て資金
対象者	贈与者：受贈者の父母・祖父母（直系尊属） 受贈者：30歳未満の子・孫（年間所得が1000万円以下の者に限る）	贈与者：受贈者の父母・祖父母（直系尊属） 受贈者：20歳以上50歳未満の子・孫（年間所得が1000万円以下の者に限る）
手続き	贈与者が金銭等を拠出し金融機関に信託等をする	贈与者が金銭等を拠出し金融機関に信託等をする
非課税限度枠	**受贈者1人につき1500万円まで**（学校等以外に支払われる金銭については500万円まで）	**受贈者1人当たり1000万円まで**（婚姻関係については1人当たり300万円まで）
資金使途	**教育資金**	**結婚、妊娠、出産、子育てに必要な資金**
拠出可能期間	2013年4月1日から21年3月31日までの間に拠出されるものに限る	2015年4月1日から21年3月31日までの間に拠出されるものに限る
終了時の取り扱い	期間中に贈与者が死亡した場合には、残高を贈与者の相続財産に加算（19年4月1日以降）。受贈者が30歳に達した場合、教育資金として信託等をした金額（非課税拠出額）から支出した金額を控除した残額については、その受贈者が30歳に達した日に贈与があったものとして贈与税が課される。30歳を過ぎても在学中等の場合には、在学中等に限り非課税は継続となる	期間中に贈与者が死亡した場合には、残高を贈与者の相続財産に加算。受贈者が50歳に達した場合、結婚・子育て等資金として拠出した金額（非課税拠出額）から支出した金額を控除した残額については、その受贈者が50歳に達した日に贈与があったものとして贈与税が課される

住宅取得等資金についても、父母、祖父母（直系尊属）から20歳以上の子や孫へ贈与をしても一定金額について贈与税が非課税となる制度がある。

例えば、2019年8月に親が住宅取得に必要な資金を子に贈与し、同年同月に資金を使って子が省エネ等住宅の購入契約を締結（消費税率8％）し、住宅を取得した場合、1200万円までは贈与税が非課税となるが、同年10月に消費税率10％の前提で同様の住宅を購入し、取得した場合は、3000万円まで贈与税非課税枠が広がった。

受贈者は年間所得2000万円以下、新築あるいは取得家屋の床面積が50〜240平方メートル、贈与の翌年3月15日までにその家屋に原則居住することなど多くの要件をクリアする必要がある。

さらに住宅購入等の契約締結日や省エネ等住宅か否か、また消費税増税前後でも適用になる非課税枠が異なる。住宅取得等資金の生前贈与に当たっては税理士など専門家のチェックを受けたうえでの活用をお勧めしたい。

婚姻期間20年以上の配偶者へ居住用不動産を贈与する場合は、特例により

2000万円が贈与税非課税となり、暦年課税贈与の110万円と併せて2110万円までは贈与税非課税の優遇措置が受けられる。

当該贈与財産は、相続税が課される際、生前3年以内の贈与財産の加算対象外となる。さらに、2019年7月1日以降、民法の相続法改正により、婚姻期間20年以上の夫婦間では居住用不動産の贈与につき、原則として特別受益の持ち戻しが免除されることで、贈与税非課税に加え、相続時にも配偶者が多くの財産を相続できることになった。

■ 相続時の承継可能額が増加
―婚姻期間20年以上の夫婦が居住用不動産を生前贈与した場合における、特別受益の持ち戻し免除の具体例―

改正後 妻が自宅不動産を生前贈与により取得した場合でも、特別受益の持ち戻し免除により、相続時の承継可能額が増加

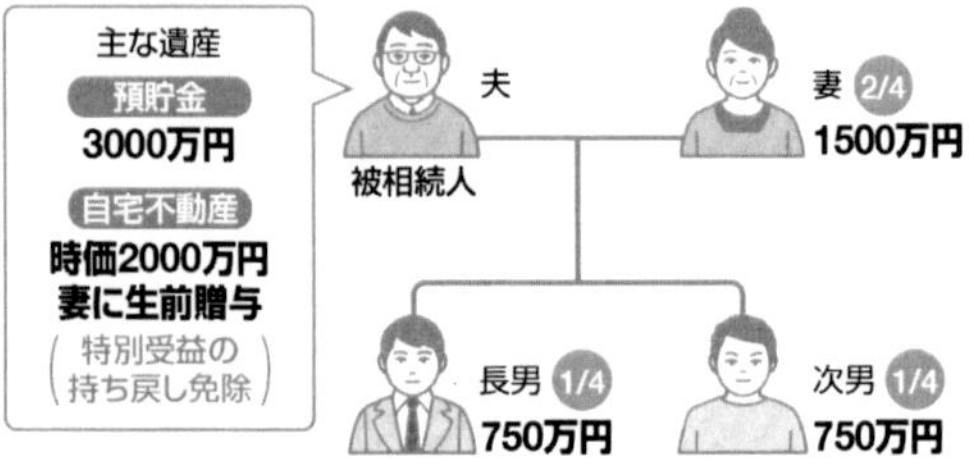

妻の具体的相続額

3000万円 × 1/2 = 1500万円

妻が受けた自宅不動産の生前贈与について、特別受益持ち戻しが免除され、遺産たる預貯金のうち1500万円の承継が可能

長男、次男の具体的相続額

3000万円 × 1/4 = 750万円

妻が受けた自宅不動産の生前贈与について、特別受益持ち戻しが免除され、長男、次男ともに、遺産たる預貯金のうち750万円の承継にとどまる

（注）●内は法定相続割合

制度活用の注意点としては、この特例の適用を受けるに当たり、贈与税の申告が必須であること、相続による取得時にはかからない不動産取得税がかかること、登記の際の登録免許税が固定資産評価額の2%かかり、相続時よりも高額であることなど、相続時の取得に比べて、これらの費用が高くつくことは知っておきたい。

生前贈与は相続時の財産を減らすため相続税の節税につながる。その一方、相続時の遺産分割においては「特別受益」となりうるため、この取り扱いをめぐって相続争いの火種をつくることにならないように注意しなければならない。

「特別受益」とは、生計資本としての贈与があった場合、それを「相続分の前渡し」として、当該贈与財産を相続財産に加えて（特別受益の持ち戻し）、生前贈与を受けた相続人の相続時の財産取得分を減額して相続人間の公平を保とうとする制度である。

特別受益に当たる生前贈与としては、大学の学費、住宅取得費、事業資金、結婚資金、子育て資金などが典型例である。特別受益による生前贈与があった場合、贈与を受けた者は、次のような「特別受益による持ち戻しの計算式」により、相続時の財産取得額が減額されることになる。計算式は以下のとおりである。

特別受益者の具体的相続額 ＝（相続開始時の財産額 ＋ 相続人の受けた特別受益該当贈与額）× 法定相続分 － 特別受益者の受けた特別受益該当贈与額

民法改正で配偶者がより多くの財産を取得できるようになったのも、特別受益の適用から除外された結果で、特別受益が相続時の取得財産の多寡を大きく左右する。

生前贈与の非課税特例は、前述のとおり、まさに生計資本の贈与として特別受益に該当するケースが多く、そのため相続時にほかの相続人との間で特別受益をめぐってトラブルとなるおそれもある。相続については、節税対策だけでなく、もめないための対策もセットで行っておくことが本当の意味での円満相続につながる。

できる限り情報公開を

具体的には生前贈与を行う際、できる限り利害関係のある推定相続人にも情報を公開することだ。そして遺言書を作成し、トータルで相続人が納得できる遺産分割内容を工夫する。あるいは、遺留分に反しない範囲ではあるが、遺言書に特別受益の持ち戻し免除の意思表示を記しておき、受贈者の相続分を遺言で確保しておくことも可能である。

相続対策は本来、もめないための対策とセットで行うことが不可欠である。節税のみを目的とした対策が他のきょうだいからの反感を買ったりしてもめる原因になっては、意味がない。

そこで、親に万一のことがあったとき、誰にどれくらいの財産が相続されるのか、生前贈与による「特別受益」の持ち戻しまで考慮に入れて、専門家にシミュレーションしてもらうとよい。

贈与や相続の相談窓口についてもよく考えたい。税金の専門家である税理士、契約書など書類作成の行政書士、登記手続きの司法書士など各専門家のコラボによって、初めて理想的な相続、贈与が実現できることが多い。

ワンストップで各専門家が対応する仕組みを有する事務所を見つけることが賢いやり方だ。余計な税金を払わずに、もめずに財産承継を図るべく、生前贈与を行っていきたいものである。

祖父江慶彦（そぶえ・よしひこ）

上名古屋税理士法人代表社員。税理士・FP。2006年開業。名古屋経済大学非常勤講師を2年間務める。共著書に『相続コンサルタントの実務マニュアル』。

東　優（ひがし・まさる）

行政書士法人優（ゆう）総合事務所代表社員。2005年開業。相続や終活支援に特化し、東京、名古屋に事務所を展開。著書に『終活のススメ』『いざというとき困らない遺産相続』など。

空き家になると手間　同じ売却でも負担は大違い

実家の処分は相続前が有利

税理士・福田真弓

国土交通省が2014年に行った調査では、相続された住宅が空き家となっている実態が改めて判明した。防災などの面で懸念のある空き家の増加は、社会問題となっている。親から相続しても将来空き家になるのが確実なら、売却することもきちんと検討しておくべきだろう。

売却を考えるうえで重要なのは、そのタイミング。不動産の市況価格の動向は先読みできなくても、税負担なら事前にわかる。そうすると想定すべきタイミングは、親が生きている間と子が相続した後の2つとなる。まずは相続した後に売却する場合を見てみよう。

相続後に空き家となった実家を売却する際は、「被相続人の居住用財産（空き家）を売ったときの特例」が使えるかどうかが焦点となる。この特例は空き家売却を促す目的で2016年4月に導入された。特例が適用されると、譲渡所得から3000万円が差し引かれ（控除され）、税負担は軽くなる。

注意したいのは、適用されるための条件が多い点だ。対象となるのは、1981年5月以前の旧耐震基準で建築された戸建て住宅で、相続発生から3年を経過する年の12月末までに売却されたもの。売却額は1億円以下でなければならない。売却時には家屋を取り壊して更地にする、あるいは耐震リフォームを施したうえで、売却する必要がある。

意外と煩雑なのが提出書類の準備だ。特例の適用を受けるには、確定申告で所定の書類を税務署に提出しないといけない。市区町村の発行する「被相続人居住用家屋等確認書」もその1つ。確認書を発行してもらうには、亡くなった親が一人暮らしだったことや相続から売却まで空き家になっていたことを証明するため、電気・ガス・水道の使用中止日が確認できる書類などを用意する必要がある。

２０１９年度税制改正で適用期間が延長され、２３年末までの売却で特例が使えるようになった。また１９年４月以降の売却からは、亡くなった親が老人ホームに転居していたとしても、介護保険法に規定される要介護認定等を受けるなどしていたら特例適用が認められるように制度が改正された。とはいえ、適用されるための条件が多い点は変わりない。

特例が使いやすい「自宅」としての売却

一方、親の生前に売却する場合はどうか。親が「自宅」として売却するのであれば、空き家売却時の特例と同様、譲渡所得から３０００万円が控除される「マイホームを売ったときの特例」が使える。しかも適用されるための条件は圧倒的に少ない。

気をつけておきたいのは、①自分が住んでいる家屋である、②以前に住んでいた家屋であれば住まなくなった日から３年を経過する年の年末までに売る（家屋を取り壊した場合は取り壊した日から1年以内に売却契約を結ぶ必要がある）——の2点くらいだ。住宅所有期間の長短も問われない。

仮に両親2人で実家を共有していれば、計6000万円控除される。老人ホームや子の家に親が移り住み、その後に元自宅を売却する場合も、転居から3年を経過する年の年末までなら特例の適用対象となる。

加えて自宅の売却であれば、「マイホームを売ったときの軽減税率の特例」も一緒に使える可能性が高い。売却した年の1月1日時点で家屋の所有期間が10年超であることが主な適用条件だ。適用されると、譲渡所得6000万円以下の場合で通常15％の所得税率が10％に軽減される。

3000万円控除と併用すると、譲渡所得が9000万円以内のときは、住民税を合わせた税率が20％から14％に下がる。このように相続後に子が空き家として売るよりも、親が自宅として売却するほうが税金面では優遇される。

なお相続した実家に子の自分が一時的に住んで、その後で「マイホームを売ったときの特例」を使って売却してはどうかと考える人もいるのではないか。だが、特例の利用だけを目的に入居したと認められる場合は、特例が適用されない。また夫や妻がいる場合、原則として夫婦そろって住まないと「自宅」として認められない。

いずれにせよ家を売却するとなると時間や手間もかかるため、気力と体力が必要になる。親子双方が元気なうちに話し合い、準備を徐々に進めるのが得策だ。

（『週刊東洋経済』2019年4月27日・5月4日合併号より）

福田真弓（ふくだ・まゆみ）

税理士法人タクトコンサルティングなどを経て独立、福田真弓税理士事務所を開業。『自分でできる相続税申告』（自由国民社）など著書多数。

同じ「3000万円控除」でも空き家になると条件が増える

種類	マイホームを売ったときの特例	被相続人の居住用財産（空き家）を売ったときの特例
主な適用条件	・自分が住んでいる家屋である ・以前に住んでいた家屋の場合は、住まなくなった日から3年を経過する年の年末までに売却	・1981年5月以前に建築された ・戸建てである（マンションなど区分所有建物は除く） ・相続開始直前において被相続人（故人）以外に居住者がいなかった ・売却額が1億円以下である ・売却時に更地に戻すか耐震リフォームを施す

不動産売却時には取得費も税額を左右する

不動産を売却する際に頭に入れておきたいのが、売却益にかかる税金の計算方法だ。売却額から取得費と譲渡費用を引いた譲渡所得から算出される。仮に物件AとBの売却額が同じでも、Aの費用が低ければ税額はAのほうが多くなる。

税額を算出する際に論点となるのが取得費だ。売却した土地や建物を購入したときの代金、建築代金などが該当する。注意したいのが、購入時の資料が残っていなかった場合。一般的には売却額の5%を取得費として申告することになるが、実際の取得費を下回る数字になる可能性もあるからだ。

日本不動産研究所が作成している「市街地価格指数」のデータなどから、取得費として「合理的な価格」を算定し申告することも可能だ。税理士の間でも、その点が十分に認知されているとはいえないので気をつけておこう。

相続した不動産を売却した人に見られるのが「取得費＝相続税評価額」という誤解だ。本人は「この評価額で相続したのだから」と思いがち。だが、曾祖父が戦前に土地を購入し家を建てていたとすれば、その当時の購入額と建築代金が取得費となる。しかも建物の取得費は、建築代金から減価償却費相当額を差し引いた金額となる。したがって税法上の耐用年数に応じて取得費は年々下がる。

一方、売却額には戦後の都市化による地価上昇が反映されているだろう。納税額が予想以上に多かったと肩を落とさないように、きちんと認識しておきたい。

（緒方欽一）

（『週刊東洋経済』２０１９年４月２７日・５月４日合併号より）

■不動産売却時には譲渡所得に課税

譲渡所得

＝

売却額 －（ 取得費 ＋ 譲渡費用 ）

①取得費が不明なときは売却額の 5% と見なす

②建物の価格は時間の経過による価値の目減り分を考慮するので取得費は年々下がる

泥沼状態となった相続事件

法律ライター　元弁護士・福谷陽子

相続トラブルというと、多額の資産を持っている富裕層の家庭で起こるものと思われがちですが、そうとは限りません。財産をそれほど持っていなくても、相続をめぐる争いはどこの家庭でも起きます。ここでは筆者が弁護士時代に遭遇した、実際の紛争を紹介しましょう(事実関係については一部変更しています)。紹介する家族は明日のあなたの姿かもしれません。相続で不幸にならないための、他山の石としてください。

【ケース①】仲のよいきょうだいの関係が完全崩壊

Aさんは4人きょうだいの末っ子です。もともときょうだい仲はよく、互いに行き来もありました。父親はすでに亡くなっていましたが、母親が亡くなると途端に関係が悪化しました。

きっかけは母親と同居していた長男が母親の預貯金をすぐに示さず、自分がその多くを相続すべきと主張したことです。長男は「長男だから家を継ぐのは当然」で、預貯金の詳しいことをきょうだいに開示する必要はないと考えている様子でした。しかも「自分たちは両親が亡くなるまで介護を行っていたのだから、その分も多く遺産をもらえるはずだ」と主張しました。

しかし民法ではすべての子どもに同等の相続権を認めています。さらに亡くなる直前まで母親は元気だったので、介護の苦労は小さかったはずと、Aさんは思いました。当然Aさんを含む3人のきょうだいは納得できず、長男に対してすべての遺産の開示を求め、何度も話し合いを重ねましたが平行線のままでした。

そこでAさんたちは家庭裁判所に遺産分割調停を申し立てました。裁判所の調停委員が間に入り、話し合いが持たれましたが、どちらも互いに譲りません。

遺産分割調停が不調に終わると審判という手続きに移り、裁判官が遺産分割方法を指定します。審判では法律的な主張や立証ができないと不利になるので、Aさんたちは高額な費用を払って弁護士に依頼をしました。

長男側も弁護士を雇い、互いが弁護士を通じて主張の応酬を行い、ようやく裁判所が審判を下して遺産分割の方法が決まりました。

その内容は、法定相続分を基本としつつ、長男の介護に伴う寄与分をいくらか認めるものでした。双方痛み分けのような解決方法となりましたが、結局トラブルが収束するまでに5年の年月が費やされました。

母親が亡くなった時点でAさんは70歳手前、長男は70代後半と高齢で、長年の骨肉の争いによって互いに疲れ切ってしまいました。遺産相続トラブルが解決した後も、Aさんと長男とはいっさい付き合いがなくなりました。

【ケース②】遺産相続をきっかけに家を追い出される！

Bさんは長年、母親と同居してきた長男で、妹が1人います。母親が亡くなったら、自宅を引き継ぎ自分が管理していくと考えていました。母親の死後、妹は何も言ってこなかったので、そのまま10年以上そこで暮らしていました。

ところが妹が突然、「法定相続分が2分の1あるから、家の2分の1の権利を渡してほしい」と言ってきたのです。

Bさんは驚き、「母が亡くなって10年以上経っているし、家は私が継いで管理しているので諦めてほしい」と説得を試みましたが聞き入れません。妹は「家を売ってそのお金を半分払え」と要求してきました。

Bさんはすでに80歳手前。今から家を売って別の家に移り住むなど考えられず、妹は何とむちゃなことを言うのだろう、常識外れだと思って断りました。すると妹は家庭裁判所に遺産分割調停を申し立てたのです。

調停委員を挟んで話し合いをしましたが、民法では兄にも妹にも同等の相続権が認められること、妹には実家の半分の相続権があることを指摘されました。

Bさんは今さら遺産分割を求められることに納得ができませんでしたが、民法では遺産分割に期限を設けていません。相続人で遺産分割協議が整っていなければ、10年後でも遺産分割協議ができます。調停では、家に住み続けるには、妹に実家の半額の代償金を払わねばならないと言われました。

Bさんは預貯金をほとんど持っておらず年金で細々と暮らしている身であり、まとまったお金を支払う余裕はありません。やむなく息子に頼んで金銭を援助してもらい妹へ代償金を支払って何とか家を守りました。BさんもBさんの息子も何ともいえない苦々しい気持ちになりましたし、妹とは絶縁状態となっています。

【ケース③】兄が遺産を隠した！　刑事告訴の応酬

Cさんは、3人きょうだいの2番目（次男）。長男が長く両親と住んでいて、両親が亡くなった後にトラブルになりました。両親が所有していたはずの預貯金や現金などの遺産を、長男が隠した可能性があったのです。

Cさんは、生前、両親から家に多額の現金があることを聞いていました。しかし長男は証拠がないのをいいことに、現金が存在しない前提で遺産分割を進めました。

Cさんが調べてみると、長男は両親の存命中から両親の預貯金を使い込んでいたことがわかりました。両親が認知症になった後、多額の預貯金が出金され使途不明になっていたのです。

Cさんがそうした事実を指摘すると長男は怒って、Cさんと三男に対し、「ただで済むと思うなよ」と恫喝してきました。

Cさんは、長男の横暴に我慢できなかったので今は長男が継いでいる実家に行き、家の中を調べようと思い立ちました。実家の鍵を持っていたので中に入り、現金などがないか調べていると長男が帰ってきて、大騒ぎになりました。

長男は「泥棒！　窃盗罪だ！」と言い出し、警察に刑事告訴をしました。Cさんも納得できず、長男から脅されたことについて脅迫罪、恐喝罪で告訴。互いに告訴し合う状態となりました。

もちろん遺産相続の話がまとまるわけもなく、双方が弁護士に対応を依頼しました。弁護士を通じて預貯金の内容はある程度明らかになりましたが、現金については調べようがありませんでした。

弁護士同士が話し合っても合意できる状況ではなかったため、遺産分割調停に持ち込まれました。

調停では「証拠のないものは遺産として認められない」と言われ、長男が隠している現金は「ないもの」として扱われました。

結局、長男が住んでいる実家の不動産、判明している預貯金を中心に、法定相続分に従って3等分することに決まり、長男がCさんと三男に代償金を払いました。

紛争は一応解決しましたが、Cさんは本心では「多額の現金」を遺産に含めてもらえなかったことに大きな不満を抱いています。

刑事告訴は、結局どちらも立件されず、双方が告訴を取り下げました。経済的な決着はつきましたが、互いに一生消えないしこりが残り、現在は両親の法事なども別々に行っている状況です。

こうしたトラブルはどこの家庭でも起こりうるものです。皆さんも相続トラブルに巻き込まれないよう、遺言書などによって事前の対処をしっかり行ってくださいね。

【週刊東洋経済】

本書は、東洋経済新報社『週刊東洋経済』2019年8月10日・17日合併号より抜粋、加筆修正のうえ制作しています。この記事が完全収録された底本をはじめ、雑誌バックナンバーは小社ホームページからもお求めいただけます。

小社では、『週刊東洋経済eビジネス新書』シリーズをはじめ、このほかにも多数の電子書籍ラインナップをそろえております。ぜひストアにて「東洋経済」で検索してみてください。

『週刊東洋経済eビジネス新書』シリーズ

No.293 移民解禁

No.294 日本の生存戦略

No.295 アマゾンに勝つ経営

No.296 病院が消える

No.297 最強の通勤電車

No.298　地方反撃
No.299　東証1部　上場基準厳格化の衝撃
No.300　狂乱キャッシュレス
No.301　ファーウェイの真実（上巻）米国の「制裁」はこれからが本番だ
No.302　ファーウェイの真実（中巻）紅いピラミッドに組み込まれた日本
No.303　ファーウェイの真実（下巻）半導体と知的財産への飽くなき渇望
No.304　自動車　乱気流
No.305　不動産バブル　崩壊前夜
No.306　ドンキの正体
No.307　世界のエリートはなぜ哲学を学ぶのか
No.308　AI時代に食える仕事・食えない仕事
No.309　先端医療ベンチャー
No.310　最強私学　早稲田　vs. 慶応
No.311　脱炭素経営

No.312　5G革命
No.313　クスリの大罪
No.314　お金の教科書
No.315　銀行員の岐路
No.316　中国が仕掛ける大学バトル
No.317　沸騰！再開発最前線
No.318　ソニーに学べ
No.319　老後資金の設計書
No.320　子ども本位の中高一貫校選び
No.321　定年後も稼ぐ力
No.322　ハワイ vs.沖縄　リゾートの条件

週刊東洋経済eビジネス新書　No.323
相続の最新ルール

【本誌（底本）】
編集局　堀川美行
デザイン　熊谷直美
進行管理　下村　恵
発行日　２０１９年８月１０日

【電子版】
編集制作　塚田由紀夫、長谷川　隆
デザイン　市川和代
制作協力　丸井工文社
発行日　２０２０年１月２７日　Ver.1

発行所　〒103-8345
東京都中央区日本橋本石町1-2-1
東洋経済新報社
電話　東洋経済コールセンター
03（6386）1040
https://toyokeizai.net/
発行人　駒橋憲一

電子書籍化に際しては、仕様上の都合などにより適宜編集を加えています。登場人物に関する情報、価格、為替レートなどは、特に記載のない限り底本編集当時のものです。一部の漢字を簡易慣用字体やかなで表記している場合があります。本書は縦書きでレイアウトしています。ご覧になる機種により表示に差が生じることがあります。

※本刊行物は、電子書籍版に基づいてプリントオンデマンド版として作成されたものです。